Jette Menger

druck der rockshow.

Jette Menger

druck der rockshow.

mit Bildern von Ida Leetz

© 2019 Jette Menger

Herstellung und Verlag: BoD – Books on Demand, Norderstedt

ISBN: 9783749464845

Bibliografische Information der Deutschen Nationalbibliothek: Die Deutsche Nationalbibliothek verzeichnet diese Publikation in der Deutschen Nationalbibliografie; detaillierte bibliografische Daten sind im Internet über http://dnb.dnb.de abrufbar.

druck.

[Etwas lastet schwer auf meinen Schultern und
hindert mich daran in meiner Rockshow des
Lebens zu tanzen.]

.

Du schenkst mir einen Pulli

mit Nirvana Aufdruck.

Morgens bin ich noch zu müde

um einen klaren Gedanken zu fassen

Am liebsten

würde ich einfach nur

hier in der Sonne sitzen

mit deinem Pulli

der mich vor dem Wind schützt

aber gleich muss ich wieder los.

Ich muss im Regen tanzen.

Weil du mir mit deinem Geschenk sagtest:

Tanze im Regen

bevor es vorbei ist

lache

so viel du kannst

singe

so laut

dass Madagaskar es hört

und spiele

spiele wie Peter Pan

fliege wie Dumbo

sei Kind

bevor alle Normen dich erdrücken

und du das Gefühl hast

zu fallen.

Für dich ist das alles leicht

du bist ja ein Rockstar

Und du sagst mir

Singe...

Ich versuche zu singen

aber es kommt kein Ton heraus

Ich versuche zu schreien

bleibe aber stumm

Ich treffe nicht die richtigen Töne

und auch nicht die Worte

die ich mir für diesen Song

wünsche

Ich versuche zu singen

aber es kommen keine Worte heraus

nicht mal Töne.

Obwohl ein Rockstar neben mir steht.

Der Druck

lastet schwer

auf meinen Schultern

Ich bin schon wieder

viel zu müde

und trinke

zu viel schwarzen Kaffee

weil der Druck

auf meinen Schultern lastet

und ich es nicht schaffe

in deinem Pulli zu tanzen.

Dort ist der Alltag

den du nicht verstehst

weil für dich

alle Tage Sonntage sind

Aber für mich gibt es

Montag

Dienstag

Mittwoch

Donnerstag

Freitag

Deadline.

Montag:

Ich stehe auf

und zwar viel zu früh.

Dienstag:

ich versuche überall

zu gleich zu sein.

Mittwoch:

ich kann mir für nichts

die Zeit nehmen

die es braucht.

Donnerstag:

ich habe das Gefühl zu fallen.

Freitag:

ich sehne mich

nach Veränderung.

Samstag:

während das Leben davonzieht

bleibe ich am Sonntag

allein zurück.

Langsam glaube ich

Zeit zu haben

ist so notwendig

wie die Luft zum Atmen

Langsam glaube ich

keine zu haben

ist wie zu ersticken

Ich sterbe

langsam und qualvoll

weil mir die Luft zum Atmen

genommen wird

weil da

so viele Pflichten sind

so viele Deadlines

und so viel zu tun

Ich träume von der Ferne

und noch viel länger

von dir

aber atmen

tue ich nur noch

für den Trott

Und ich singe:

Langsam glaube ich Zeit zu haben

ist so notwendig

ist wie die Luft zum Atmen.

Na bitte

ich habe gesungen

Nur nicht Nirvana.

Du solltest schreiben

sagst du mir

Ich sage dir

dass ich keine Zeit habe

Du lachst mich aus

weil ich nicht begreife

was wirklich zählt.

Ich habe Angst

vor meiner eigenen Antwort

viel zu viel

hängt von dieser

einen Entscheidung ab

Ich träume von Großem

und fürchte mich vor Kleinem

Aber welcher Weg führt

in das Land der Riesen?

Wahrscheinlich nicht der

für den ich mich entscheide

und dann

werde ich sagen

es lag daran

weil ich so viel Angst hatte

vor dieser einen Entscheidung.

Ich habe Angst davor-

Du unterbrichst mich

schon bei diesen Worten

Angst

solltest du

in meiner Gegenwart

nicht kennen

Dann lernen wir zusammen tanzen.

Keine Zeit für dich

obwohl du sie so dringend brauchst

Keine Zeit für die Dinge

die ich Liebe

obwohl ich sie so dringend brauche

Wir haben keine Zeit

aber niemand hört unsere Schreie

niemand sieht

woran alles zerbricht

Niemand sieht

dass wir keine Zeit haben.

Ich sehe es

sagst du mir

Ich sehe dich

Du bist die einzige Person

die keinen Druck

auf meine Schultern legt.

Und wieder fragen mich alle

nach der Zukunft

alle wollen wissen

was ich leiste

und wohin ich will

Was ist dein Plan Süße?

Was kommt am Ende deiner Straße?

Mein Job reicht nicht

weil er nicht deiner ist

sagst du zwischen den Zeilen

Aber wenn das so ist

dann frag ich dich mal etwas:

Was unterscheidet dich von mir?

Dann frag ich dich mal nach der Zukunft

dann will ich wissen

was du leistest

und wohin du willst

Was kommt am Ende deiner Straße?

Die Gesellschaft sieht mich an

ich weiß nicht ob ich lachen

oder weinen soll

Fehler zu machen

macht einen doch stärker.

Ich lerne zu viel

und lache zu wenig

Ich nehme alles zu genau

und das Leben zu leicht

Ich tanze zu viel

und bin doch nicht im Takt

Ich lache zu wenig

denn niemand erzählt mir Witze

und niemand hält mich vom lernen ab.

Die Menschen behaupten

ich sei poetisch

und die Menschen behaupten

ich könnte so gut

die richtigen Worte finden

aber sie haben keine Ahnung

dass mir alle Worte fehlen

wenn ich vor dir stehe.

Ich bewundere dich

du tanzt

in deiner Rockshow

des Lebens.

Woher soll ich denn wissen

was ich will

wenn ich nicht mal weiß

ob du mich magst

und ob es das was ich will

überhaupt gibt

oder ob das nur ein Tagtraum ist

in dem ich mir wünsche

dass du mich magst.

Ich drehe die Musik lauter

schließe die Augen

und

lasse den Metal

mein Hirn vernebeln

Nur so übertöne ich

meine Gedanken.

Du sagst:

sag du etwas dazu

rede schön laut

damit dich auch jeder versteht

Ich schweige

Was du nicht weißt:

in Gedanken schreie ich dich an

mir den Druck zu nehmen

etwas sagen zu müssen.

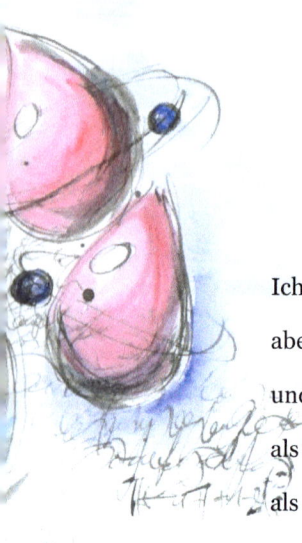

Ich renne gegen eine Wand aus Zeit

aber sie ist semipermeabel

und ich diffundiere hindurch

als wäre ich nicht mehr

als ein Wasserstoffatom

Ich weiß selbst nicht wie mir geschieht

kann mich nur erinnern

wie ich immer wieder wiederhole

das ist die Formel für dies

und die Welt entstand durch den Urknall

aber da waren diese Philosophen

die dies und das herausfanden

mein Kopf summt

und ich renne gegen eine Wand aus Zeit

aber sie ist semipermeabel

und ich diffundiere hindurch

als wäre ich nicht mehr

als ein Wasserstoffatom

Und in diesen Tagen

fühle ich mich auch nicht

wie ich selbst.

Ich möchte schreien

dass ich nicht mehr kann

dass es zu viel Druck ist

und ich zu wenig ich selbst.

Und dann wird gesagt

das ist die reale Welt Süße

du musst lernen erwachsen zu werden

und ich frage mich

warum lassen wir zu

dass die reale Welt so ist

so

dass man erwachsen werden muss.

Handstände und Purzelbäume

Handstände einhändig

Handstände freihändig

als ob das gehen würde

hör doch auf zu träumen.

Aber würdest du mich noch genauso lieben

wenn ich nicht angefangen hätte

zu träumen

wenn ich noch immer das Mädchen

ohne Plan wäre?

Würdest du mich noch immer lieben

wenn ich nicht wüsste

dass Schreiben meine

Leidenschaft ist?

44

Bis ich erwachsen wurde

sah ich das Leben

aus einem anderen Blickwinkel

Ich verliebte mich nicht

in einen Rockstar

und ich dachte nicht

darüber nach

wie ich mich befreien könnte

Heute verliere ich mich

in meiner Liebe zur Musik

und ja

auch in meiner Liebe zu diesem

ganz bestimmten Rockstar

Langsam bin ich

vielleicht

nicht mehr

in mir selbst gefangen.

Der Druck steigt

wie eine kalte Hand

legt er sich um meine Brust

zerrt mich gen Boden

und entlädt sich

in Tönen und Melodien

Der Druck entlädt sich in

einer allumfassenden Rockshow

Der Rockshow meines Lebens.

rockshow.

[Die Rockshow des Lebens
ist das Gefühl von Glück.]

Du schenkst mir eine Konzertkarte

deiner Rockband.

Der Beat nimmt mein Herz ein

verändert seinen Schlag

und zieht mich in eine andere Welt

eine Welt

in der nur der Moment zählt

in der ich die Arme zum Himmel strecke

und laut die Texte mitsinge.

Ich tanze in der ersten Reihe

wo auch sonst?

Weiter hinten

da tanzen die Menschen nicht

Da ist auch keine Magie

wo die Menschen nicht tanzen.

Meine Bewegungen

haben nichts mit Präzision

oder Raffinesse zu tun

Sie sind wild

weil ich diesen Tanz

von meinen Gefühlen leiten lasse.

Du stehst da oben

im Scheinwerferlicht

und veränderst mein Leben.

Ich verfalle deiner Musik

der Art wie Noten

und schöne Worte

dich einnehmen

und die Töne zu mir rüber wehen

Ich verfalle deiner Musik

und der Art wie du Rock

interpretierst.

Ich erkenne den Song

an den ersten Takten

Ich singe den Song

was zum Glück niemand hört

weil es im Johlen der Masse untergeht

im Geheimen

kann ich nämlich gar nicht

singen

aber das sollte besser keiner wissen

Also strecke ich die Arme dem Himmel entgegen

und tanze zu dem Song

den ich an den ersten Takten erkenne.

Ich küsse einen Rockstar

Ich tanze in seiner Show

Er liegt mir zu Füßen

und ich zu seinen

unsere Lippen bewegen sich im Takt

der Musik

Ich küsse einen Rockstar

und tanze in seiner Show.

Wir tanzen im Rhythmus

unserer Atemzüge

mit Licht und Schatten

und einem Haufen Emotionen

tanzen wir im Rhythmus

unserer Atemzüge.

Es gibt nur dich und mich

zusammen stehen wir im

Spotlight der Show

hell erleuchtet

als wären wir

das Gesicht der Welt

und wir spielen

noch ein Lied zusammen

wir stehen noch einmal

zusammen im

Spotlight

nur du und ich.

Unsere Geschichten

stehen auf denselben Seiten

dieselben Noten

bestimmen unsere Gefühle

sie stehen auf denselben Seiten

wie unsere Geschichten.

Jetzt hängt die Konzertkarte

an der Wand neben meinem Bett

Und erinnert mich daran

dass jeder Tag

ein Sonntag sein könnte.

Ich denke an dein Lächeln

von Zeit zu Zeit

fällt mir wieder ein

wie schön es war

was für ein Geschenk

wenn es nur mir galt

Ich denke an dein Lächeln

von Zeit zu Zeit.

Ich tanze allein

in einem riesigen Studio

Musik in den Ohren

und einen Spiegel vor mir

Ich sehe meinen Bewegungen zu

mal sind sie hektisch

mal sind sie ruhig

Keine Ahnung ob das ein Tanz ist

mit Musik in den Ohren

in einem riesigen Studio.

Ich kann Stille nicht ertragen

ein leerer Raum

bringt mich zum tanzen

weil ich mir einbilde Musik zu hören.

Rock für mich:

Ich sitze barfuß im Sand

und halte eine Gitarre in den Händen

Ich spiele schiefe Töne

und singe Lieder

die nur mich berühren

weil sonst niemand

zwischen den Zeilen liest

sondern nur zwischen den Seiten

Sie sehen nur die Töne

die ich nicht treffe

aber nicht die Bedeutung des Textes

Und so sitze ich hier

alleine im Sand

mit einer Gitarre in den Händen.

Ich will mal wieder mit dir tanzen

mitten in der Nacht

zu guter und zu schlechter Musik

Ich will mal wieder deine Nähe spüren

deine Füße

wenn wir sie unbeholfen

nebeneinander setzen

Ich will mal wieder mit dir tanzen

wie wir getanzt haben

in dieser einen Nacht.

Rock die Bühne

sag ich dir

Zeig es ihnen

sagst du mir

Du kannst es doch

viel besser.

Zurück

von deiner Tour

strahlst du

Sonnenschein

und wilde Abende.

Wir tanzen

zusammen

zuerst wild

und später am Abend

Walzer

um uns nah zu sein

und dann wieder

wild

weil wir die Nähe

nicht lange aushalten.

Wir sitzen hier

und spielen Karten

eine Flasche Glühwein

steht angefangen

neben uns

Im Hintergrund läuft leise

unsere alternative Musik

und ein paar Hits der

Achtziger

Wir sitzen hier

und spielen Karten

während ich mir wünsche

die Zeit würde stehen bleiben.

Morgens weckst du mich

mit einem Gitarrenspiel

und abends singt mich

deine Stimme in den Schlaf

dann frage ich mich

ob du mich manchmal

auch so sehr bewunderst.

Diesmal tanze ich nicht alleine

in einem riesigen Studio

diesmal sind wir zu dritt

Ohne Musik in den Ohren

und ohne den Spiegel

Ich sehe euren Bewegungen zu

nicht mehr meinen

wir teilen die Erinnerungen zusammen

Diesmal ist es ein Tanz.

Neben mir spielen Menschen

ein Luftgitarren Konzert

einfach so

zum Spaß.

Mitten auf dem Bahnsteig

fangen wir an

zu singen und zu tanzen

nur wenn wir zusammen sind

kommen wir auf diese Ideen.

Ich war jung

so jung

dass ich glaubte

die Welt würde mir zu Füßen liegen

dass ich glaubte

ich könnte mich in einen Rockstar verlieben

jung genug zu glauben

ihm vertrauen zu können

jung genug

zu glauben

allein von der Musik gehalten zu werden

jung genug

zu glauben die Welt würde mir zu Füßen liegen

Doch wir alle wissen

dass jung sein keine Ausrede ist

denn jetzt bin ich alt

und halte die Hand eines Rockstars.

Ich traf dich

bei der Rockshow

ganz vorne

zwischen

Scheinwerfern

Tänzen

und Küssen

Zwischen der Musik

traf ich dich

bei der Rockshow.

Du spielst Gitarre

in meinen Armen

Ich schreibe Gedichte

in deinen Armen

Ich glaube

ohneeinander

wären wir beide nicht

erfolgreich.

Hinter den Kulissen

ist es immer dunkel

und voll Chaos

damit wir die Show

vorne auf der Bühne wahren können

vielleicht

muss es so sein

vielleicht brauchen wir

das Chaos hinter den Kulissen

um nach außen strahlen zu können.

Wenn unsere Leben sich treffen

lass uns einen Tango tanzen.

Schreiben wir es nieder

ab jetzt steht an erster Stelle

was wir lieben

und an zweiter

was uns glücklich macht

Das was wir nur tun

weil es von anderen verlangt wird

stellen wir ganz hinten an

weil es nicht wichtig ist.

Wichtig ist

was wir lieben

und was uns glücklich macht.

Ich habe gelernt

in deinem Pulli

zu tanzen

Aber nicht nur

zu den Klängen

von Nirvana

Jede Musik

bringt mich jetzt

zum tanzen.

Der Druck der Rockshow

steigt

zum letzten Mal

heute Nacht.

dann endet die Show

Und es liegt an mir wohin ich gehe.

Danke,

an all die Menschen, die mich auf meinem Weg
begleiten. Ich könnte auf keine/n von euch
verzichten.

Ihr seid Rockstars!

Die Autorin

Jette Menger, geb. 2000, träumt, tanzt und lacht.
Ihre Leidenschaft gilt jedoch dem Schreiben.
Ohne Stift und Papier geht sie erst gar nicht aus
dem Haus, denn jede Idee muss festgehalten
werden. Es entstehen Gedichte, Texte und
Geschichten über Sehnsucht, die Liebe und das
Leben.

Weitere Texte sind zu finden unter:
http://www.jettemenger.de

Die Autorin freut sich von ihren Lesern auf
Instagram zu hören: @jettemenger

Die Illustratorin

Ida Leetz, geb.2001, träumt, tanzt und lacht,
immer mit dem Skizzenbuch in der Tasche.
Unterwegs auf der Suche nach Inspiration und
dem Zeitstillstand, um Gefühle mit Farben und
Linien festzuhalten.

Weitere Titel der Autorin:

Liebesbriefe an Erich Fried